matali crasset

# les capes

Photographies

Julien Carreyn

Shelter Press

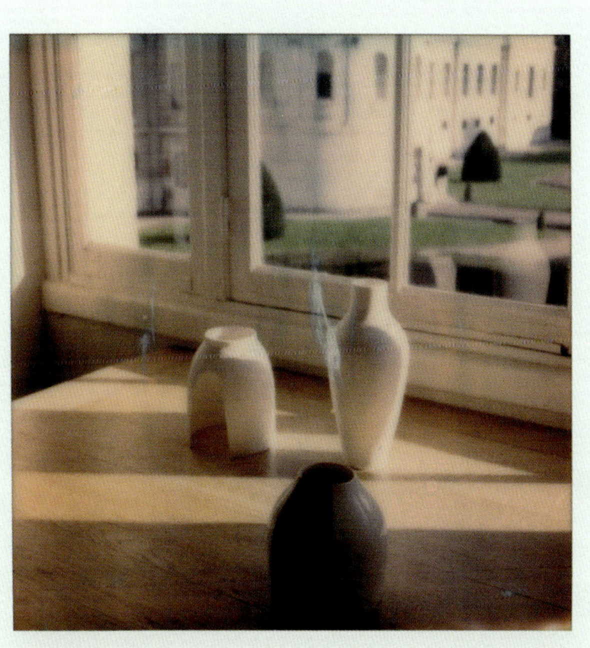

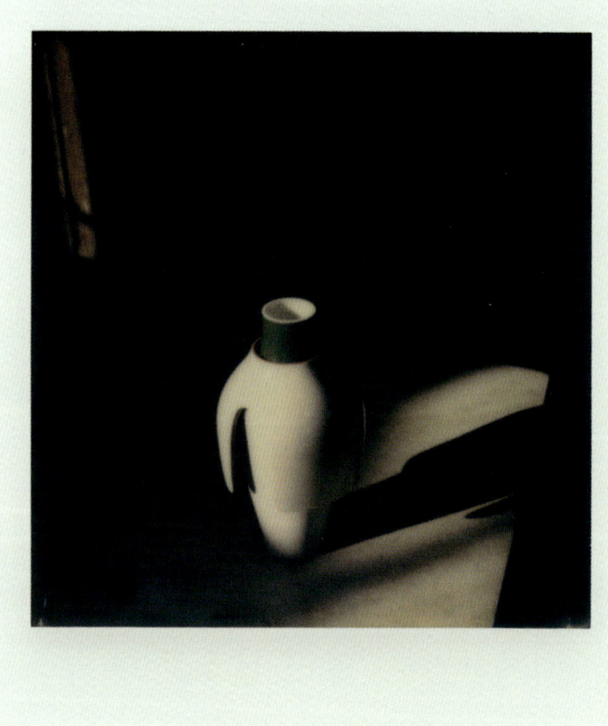

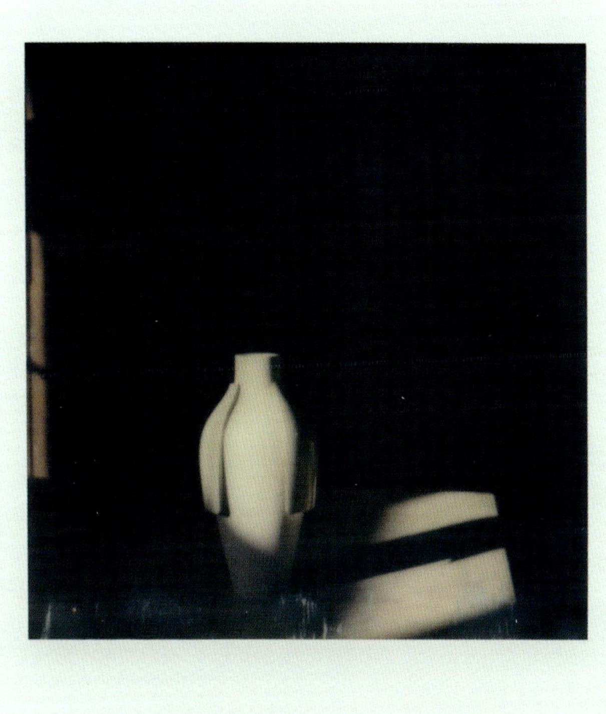

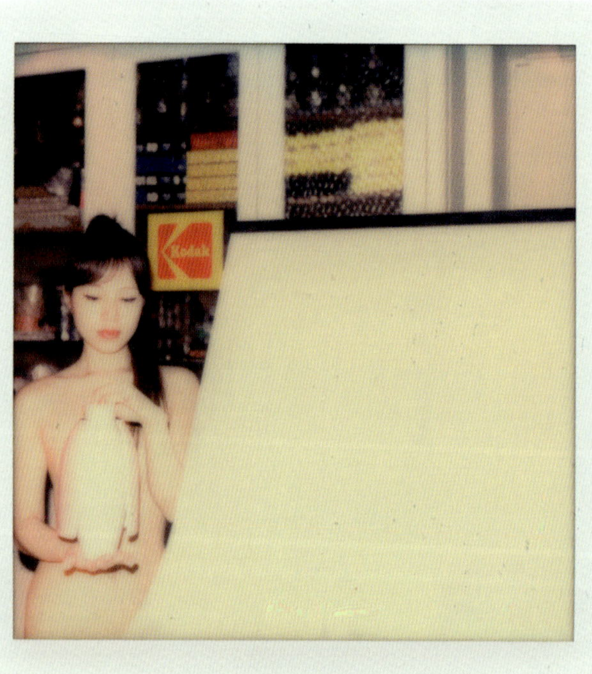
Kodak

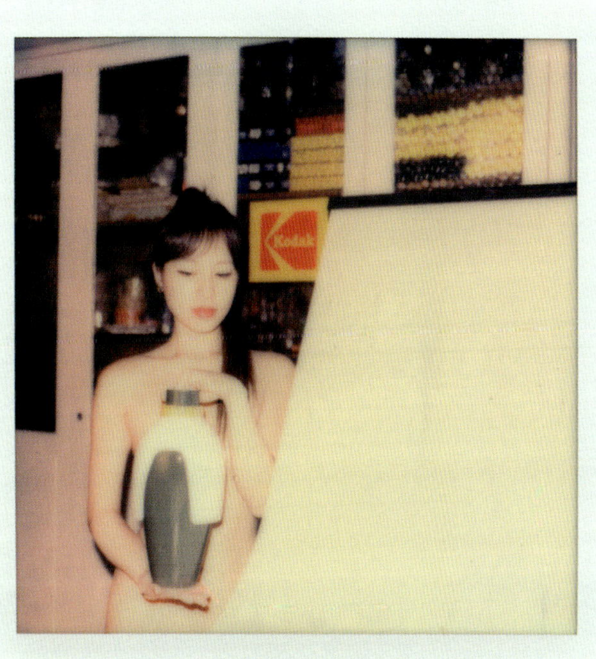
Kodak

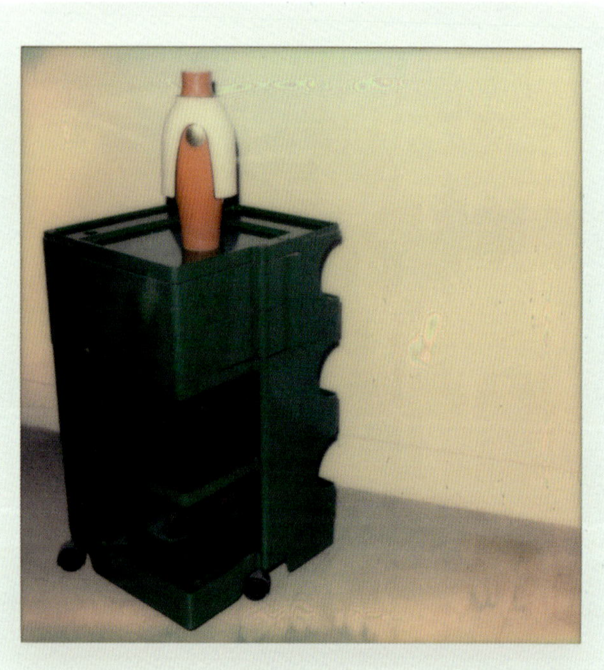

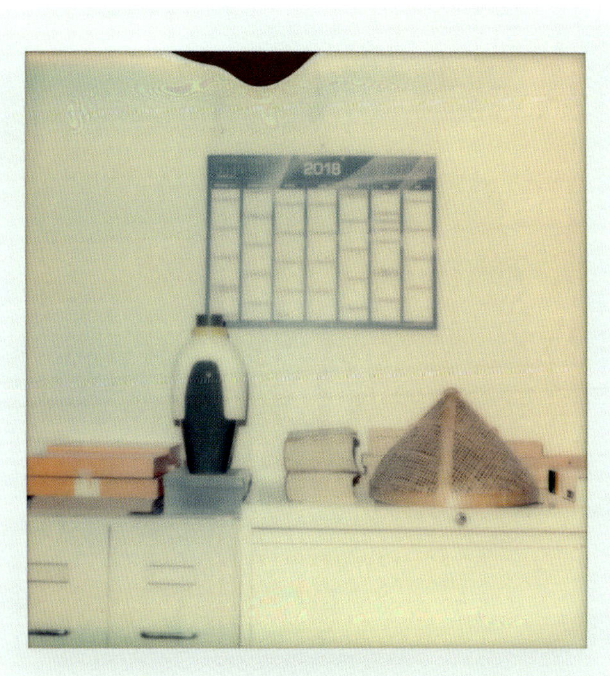
2018

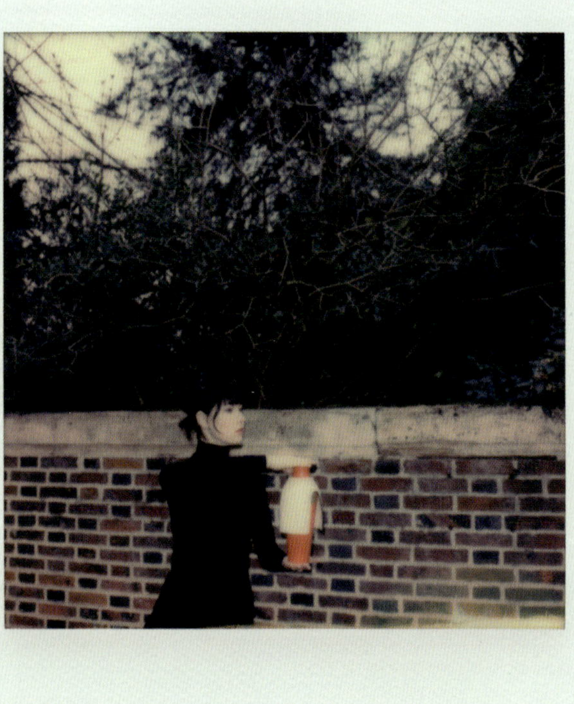

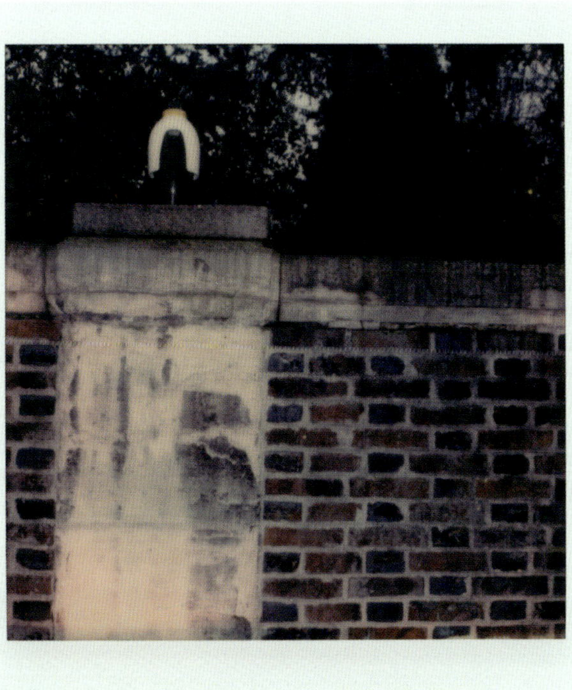

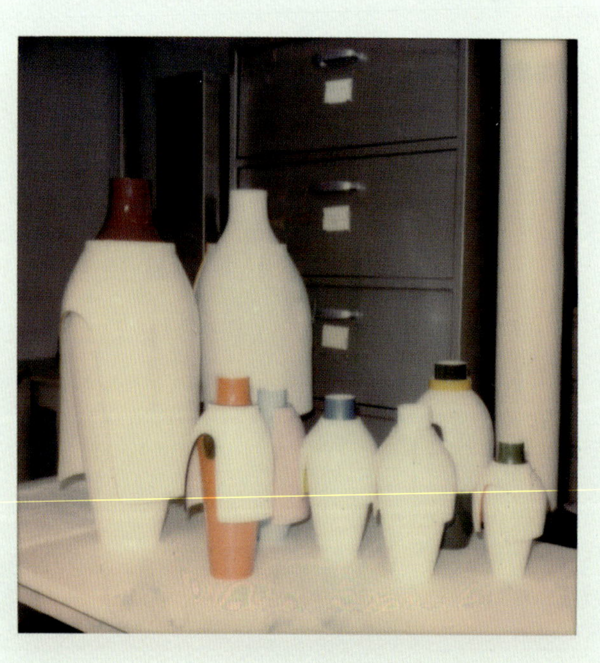

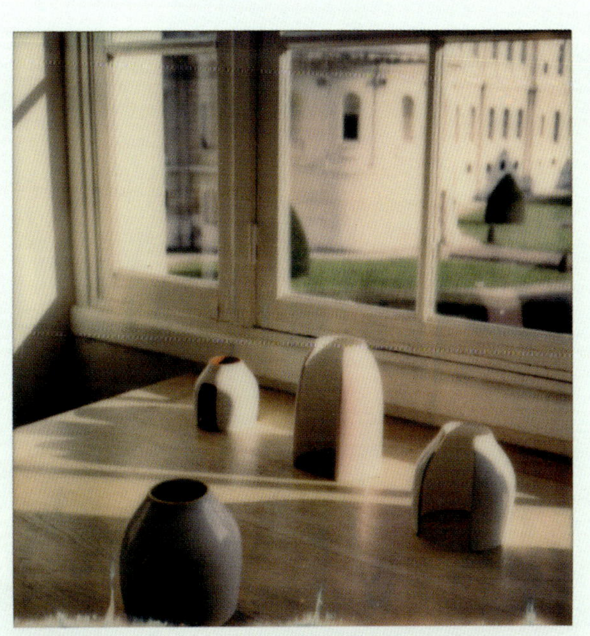

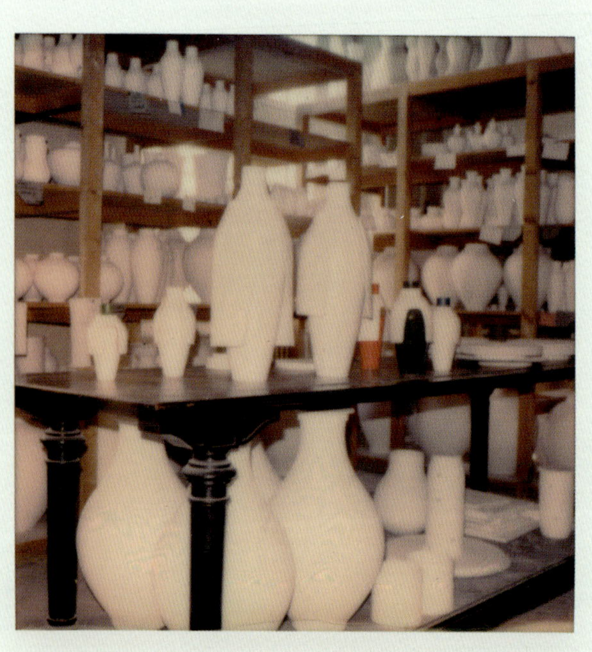

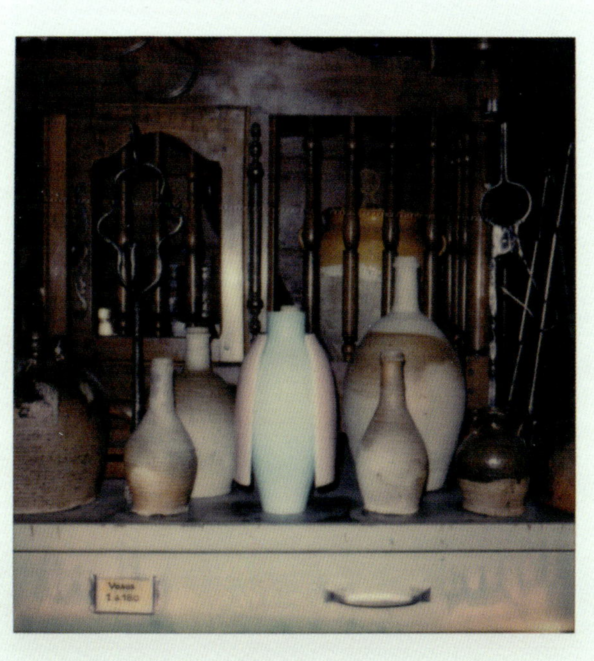

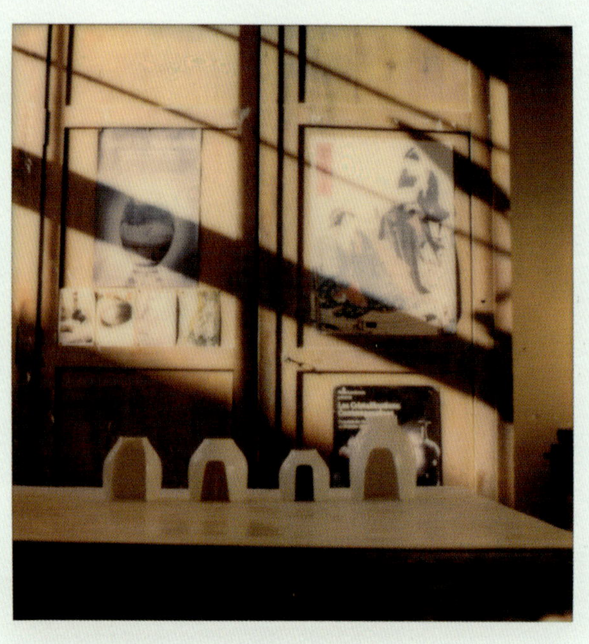

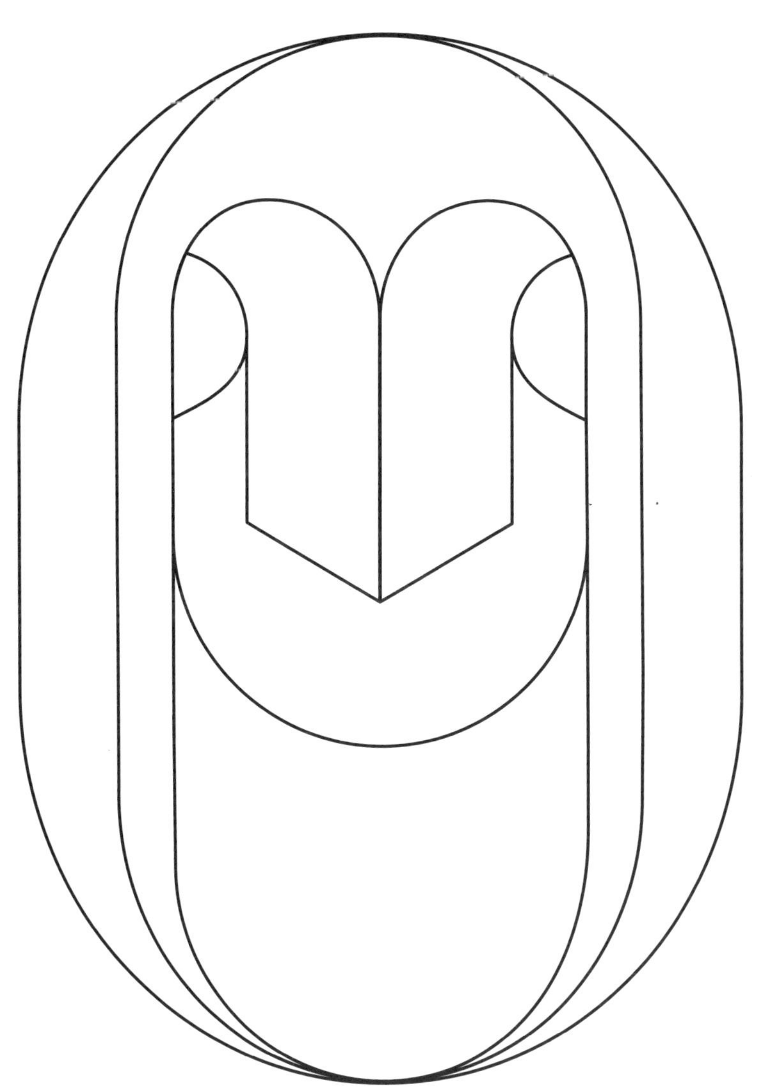

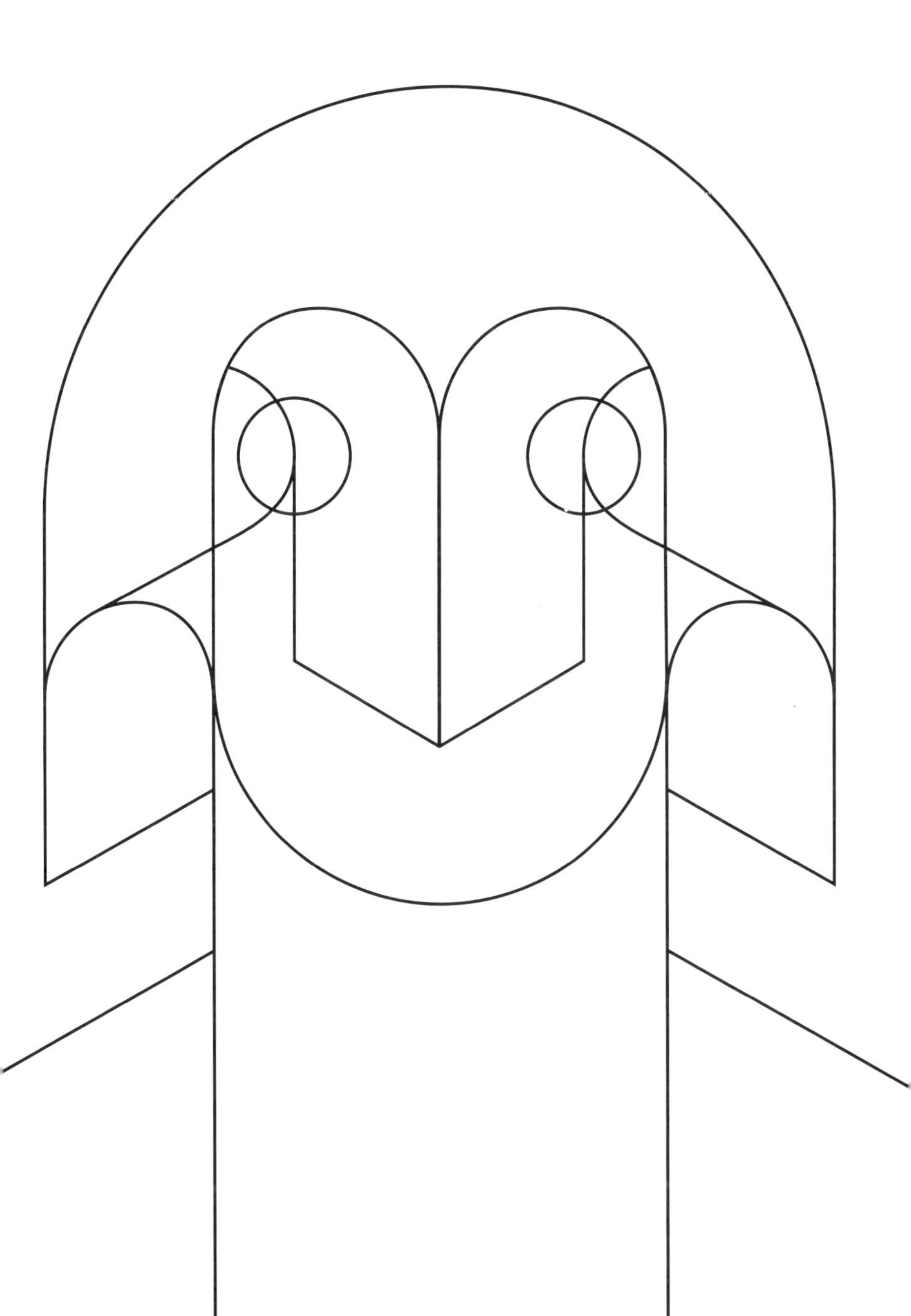

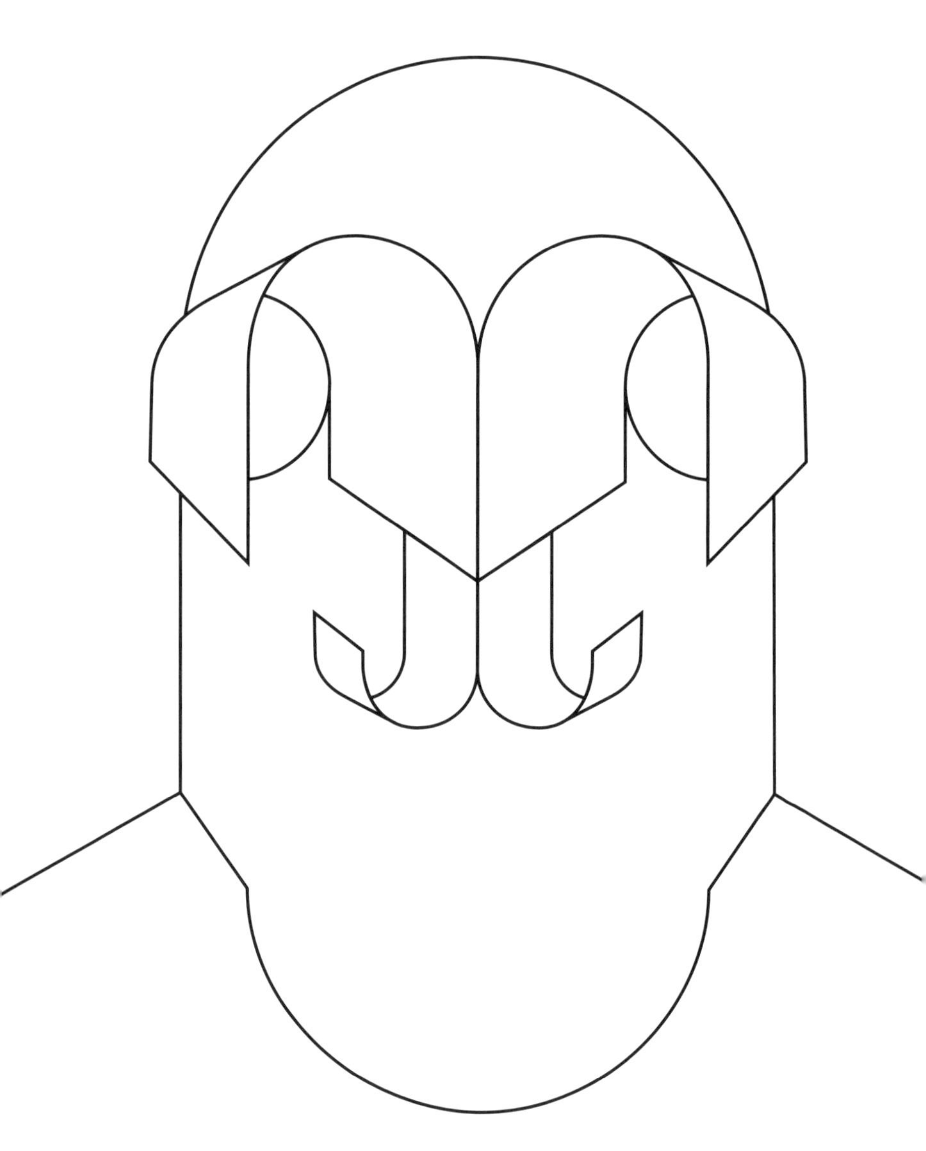

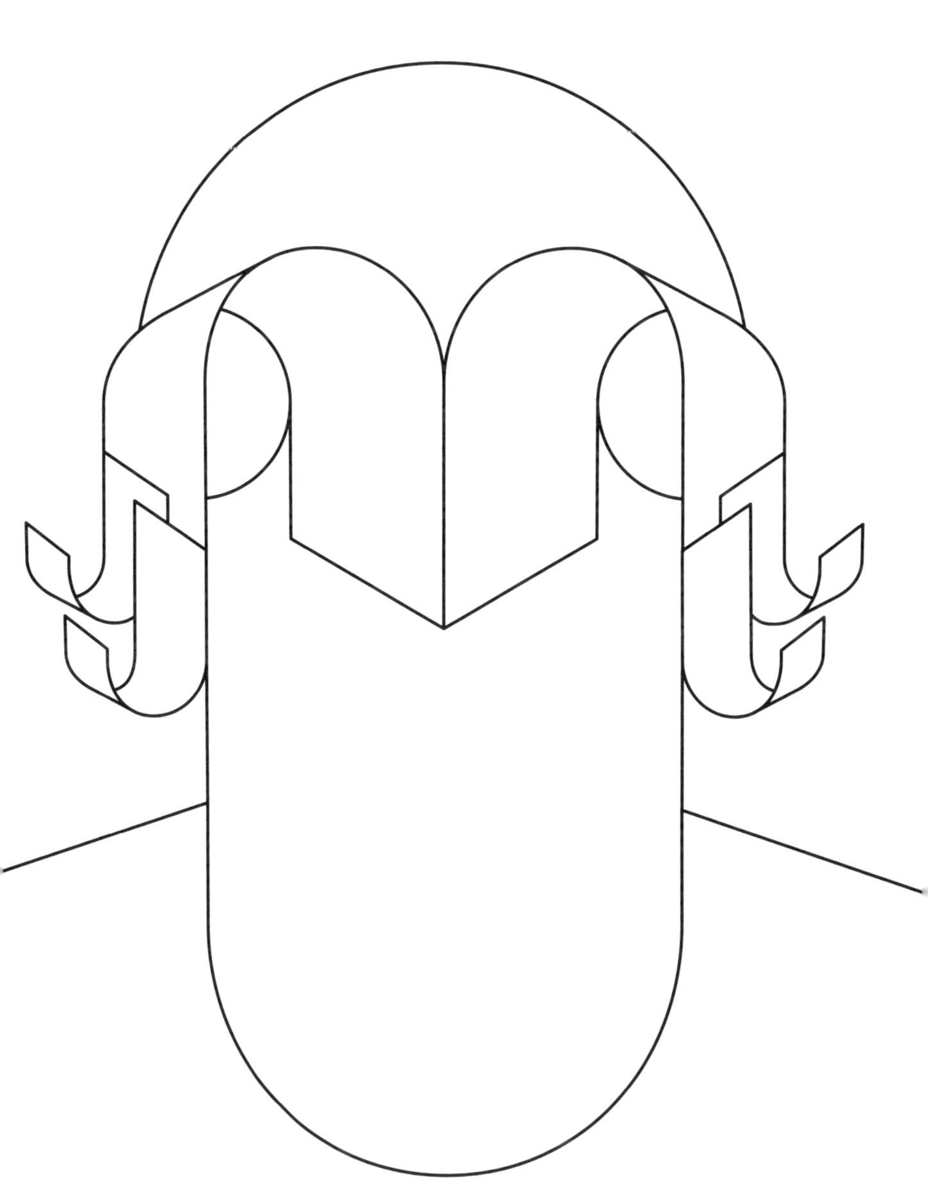

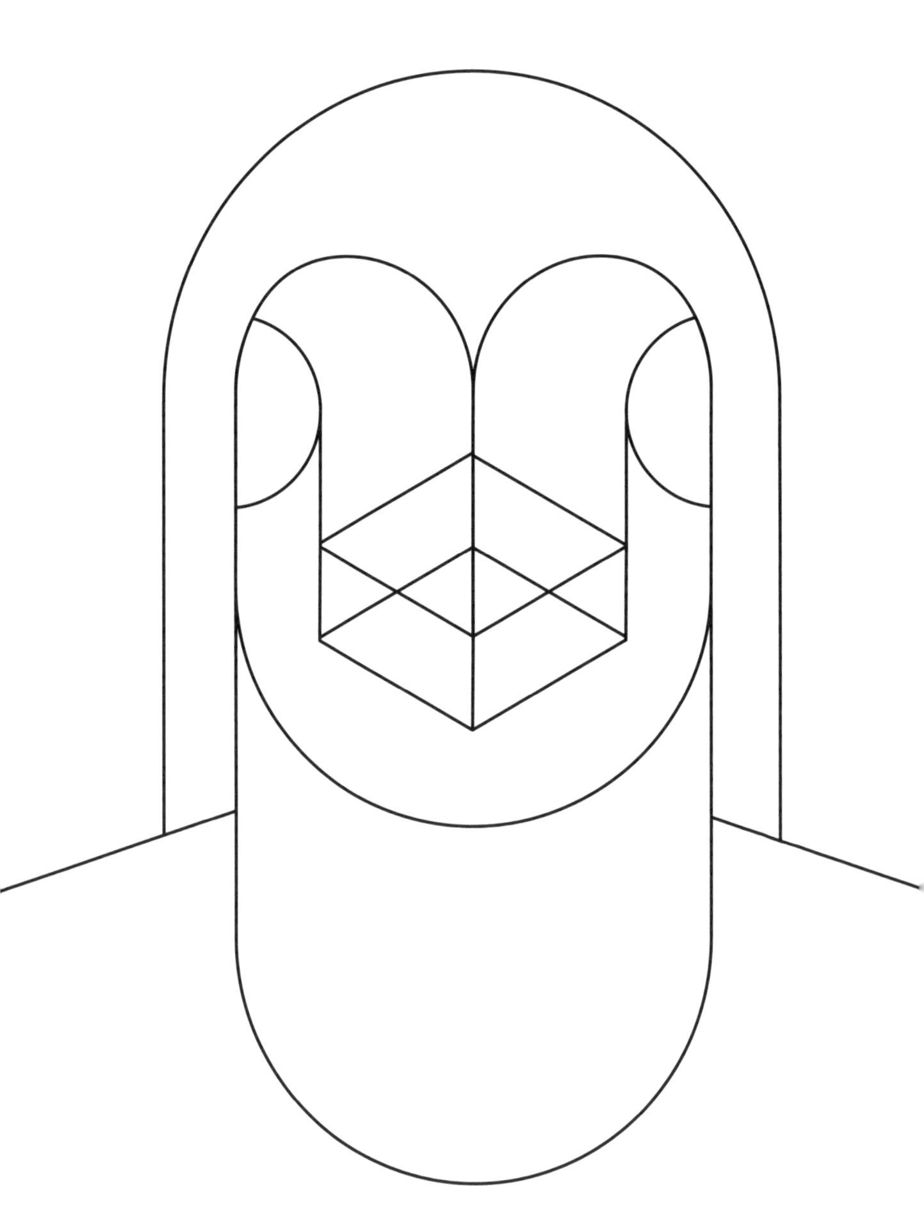

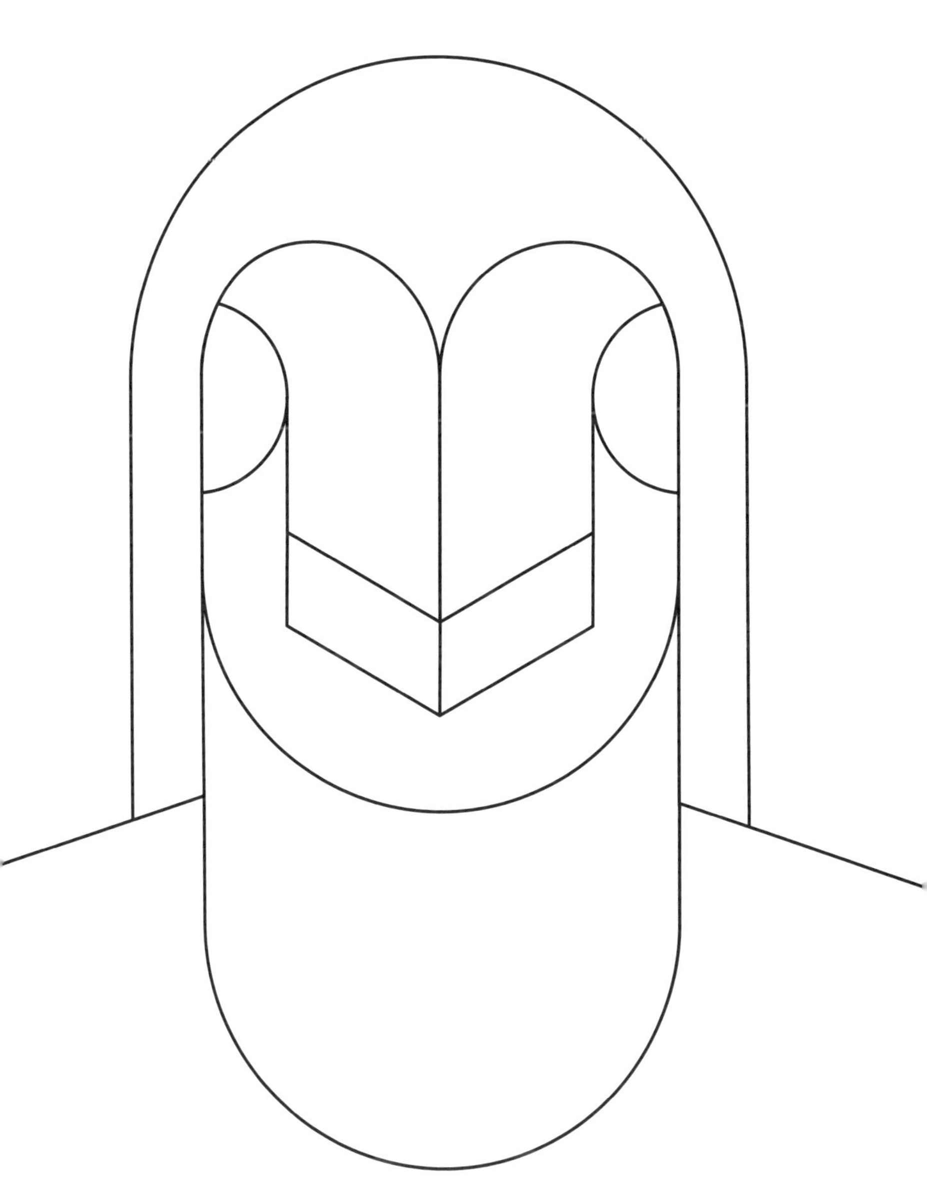

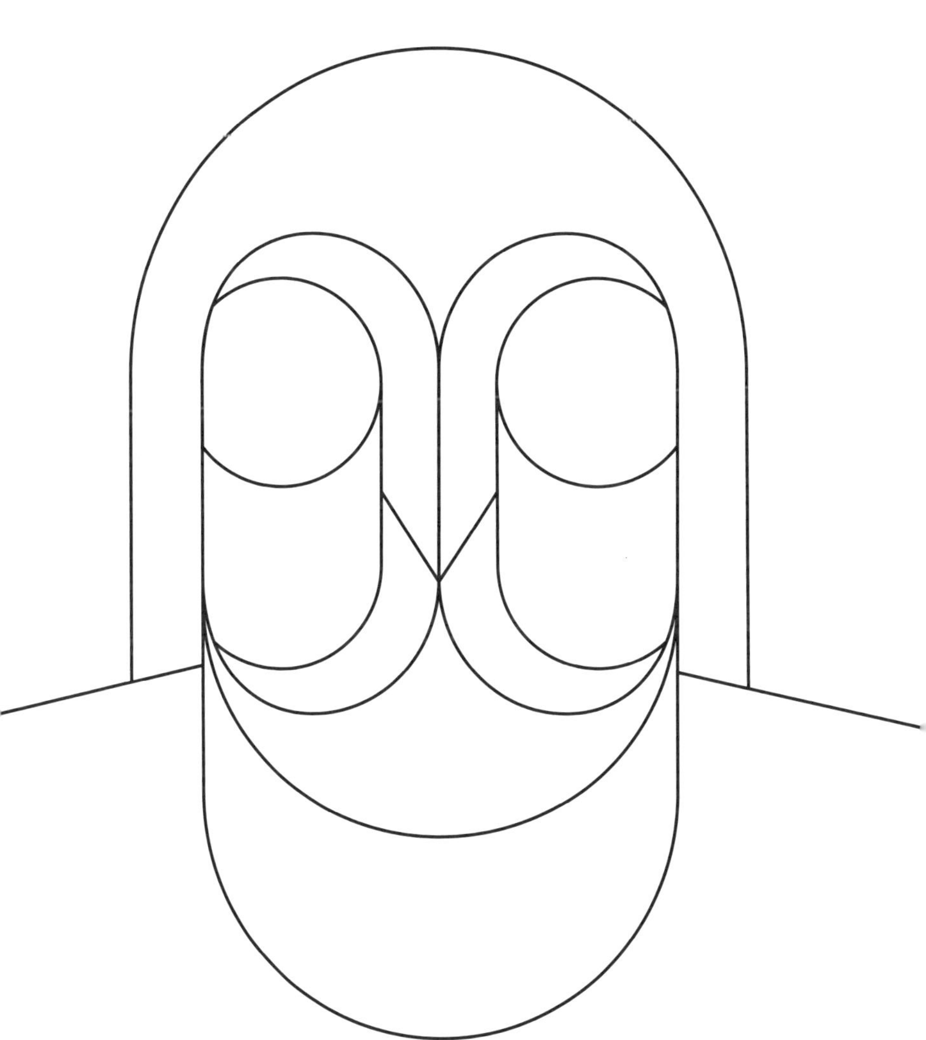

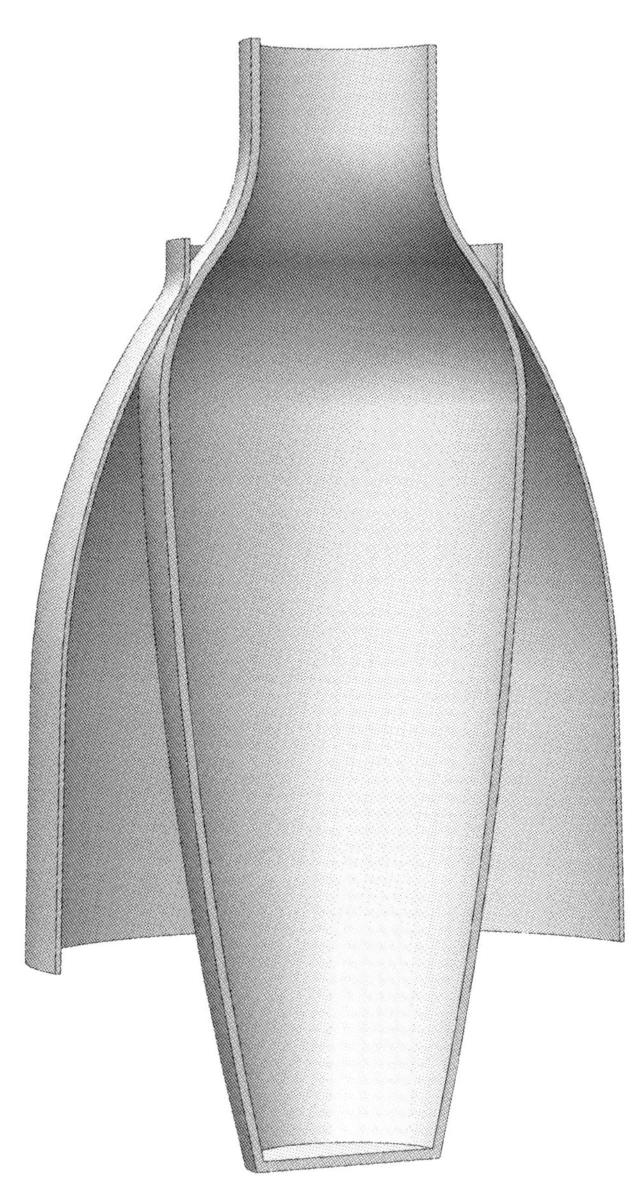

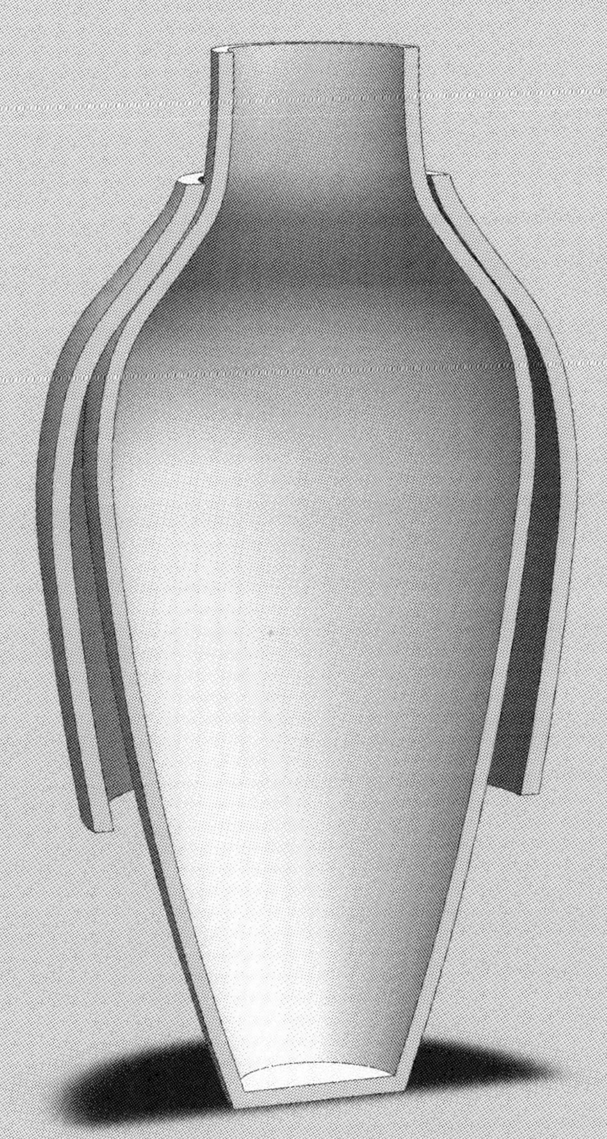

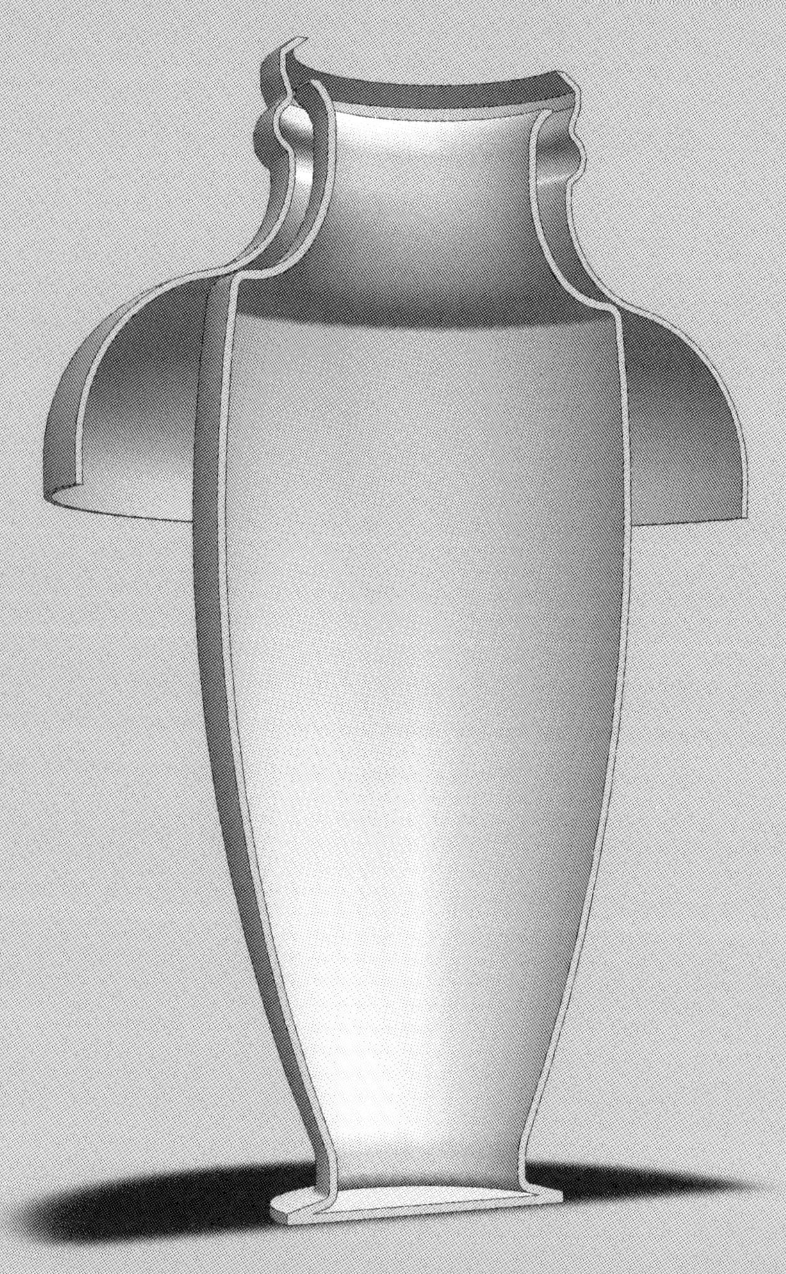

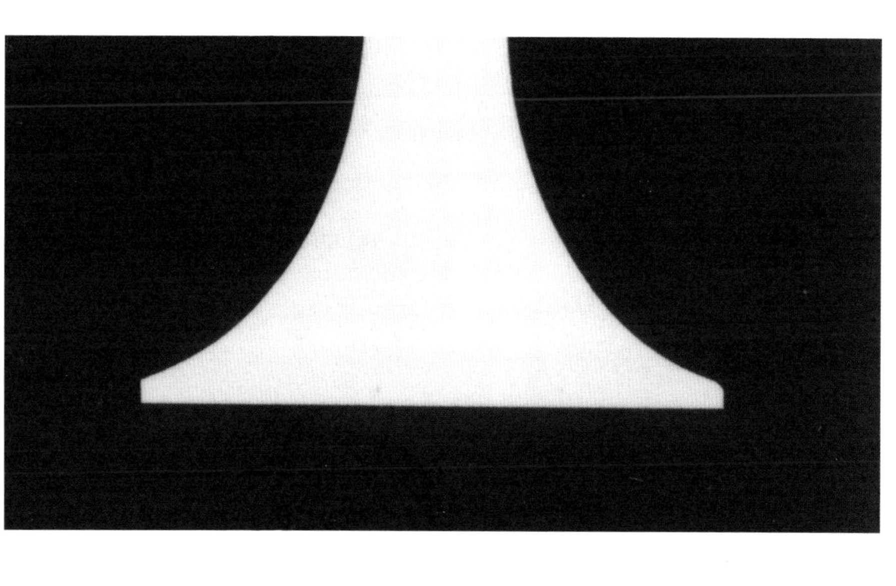

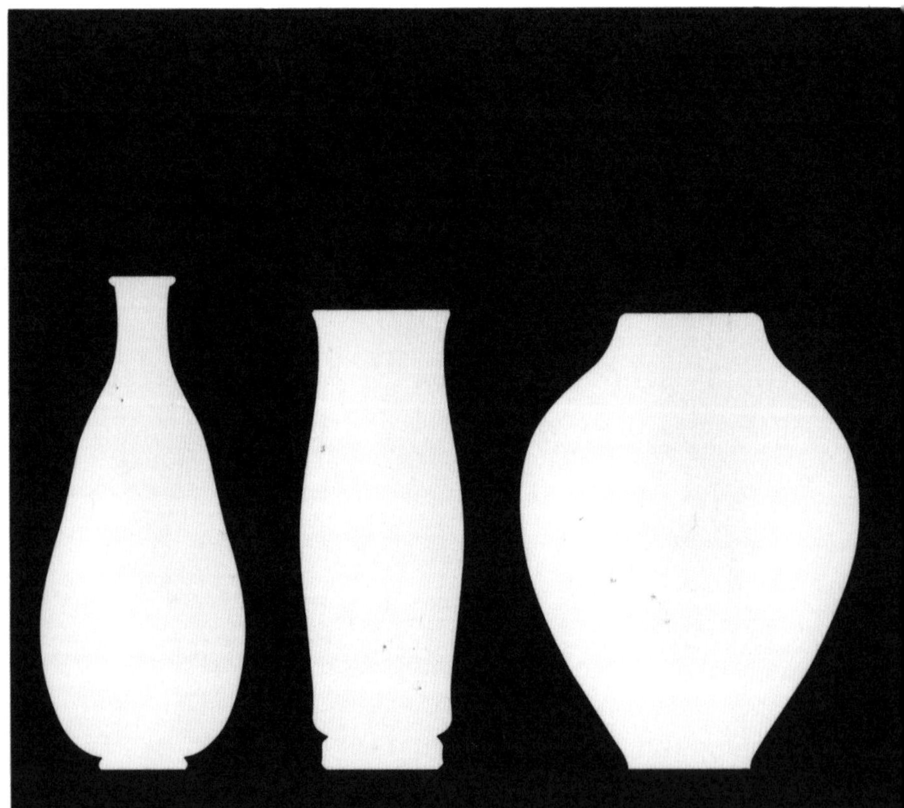

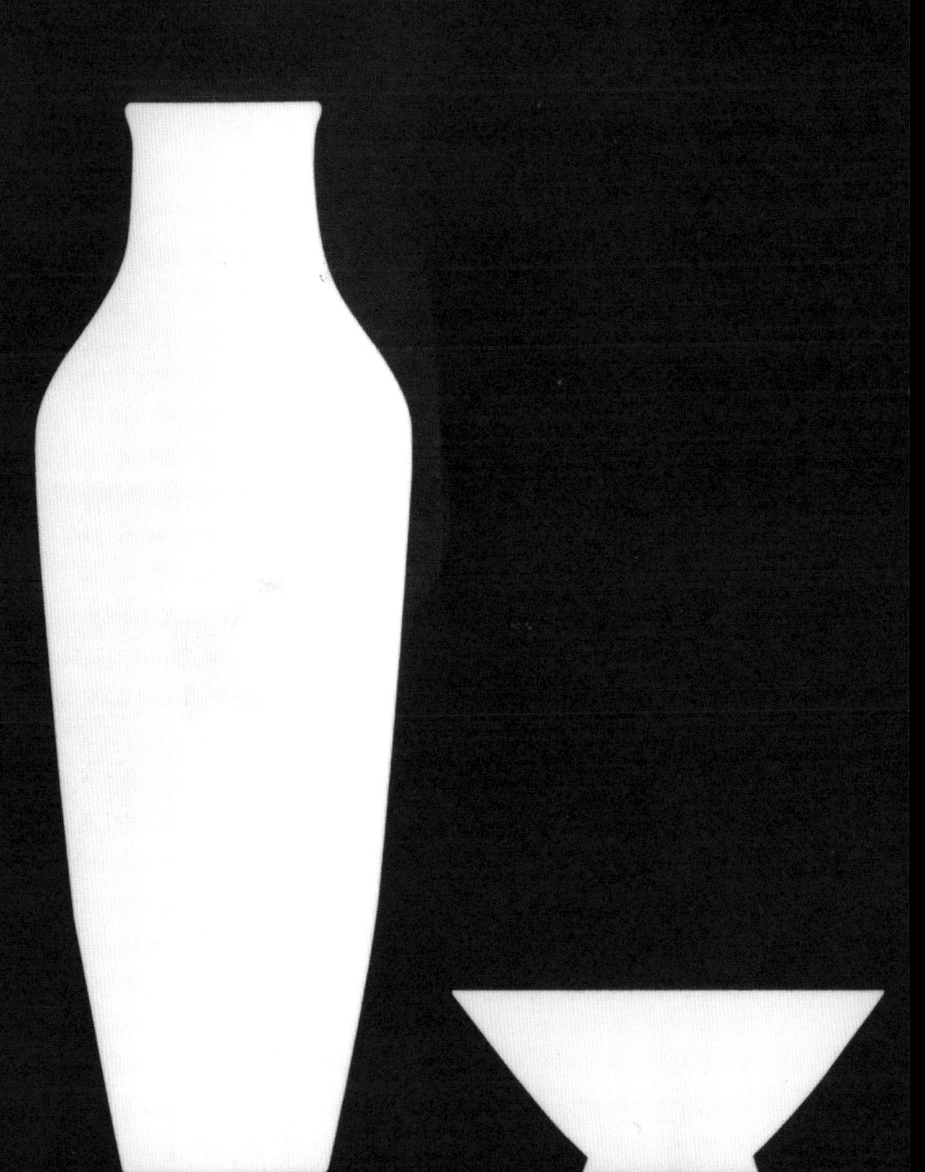

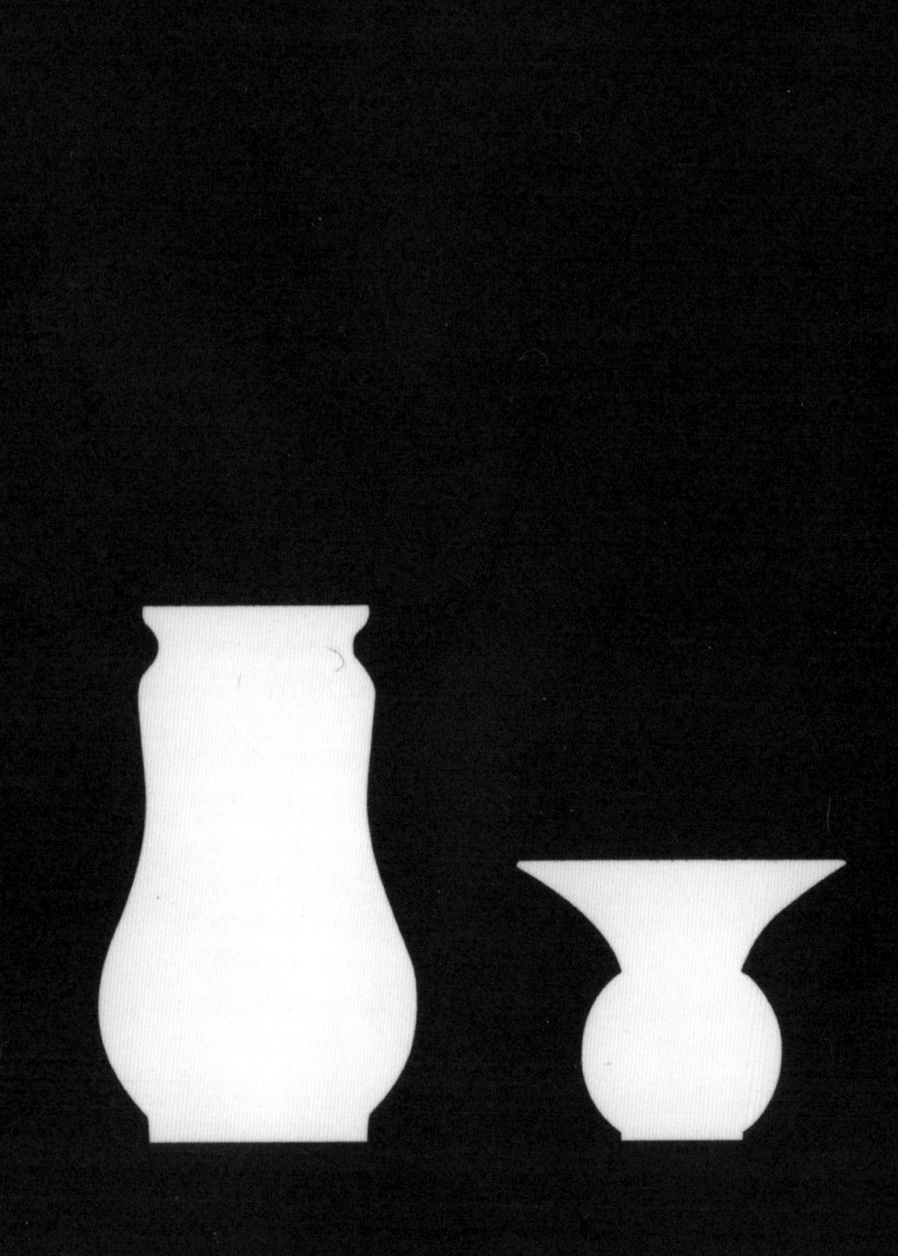

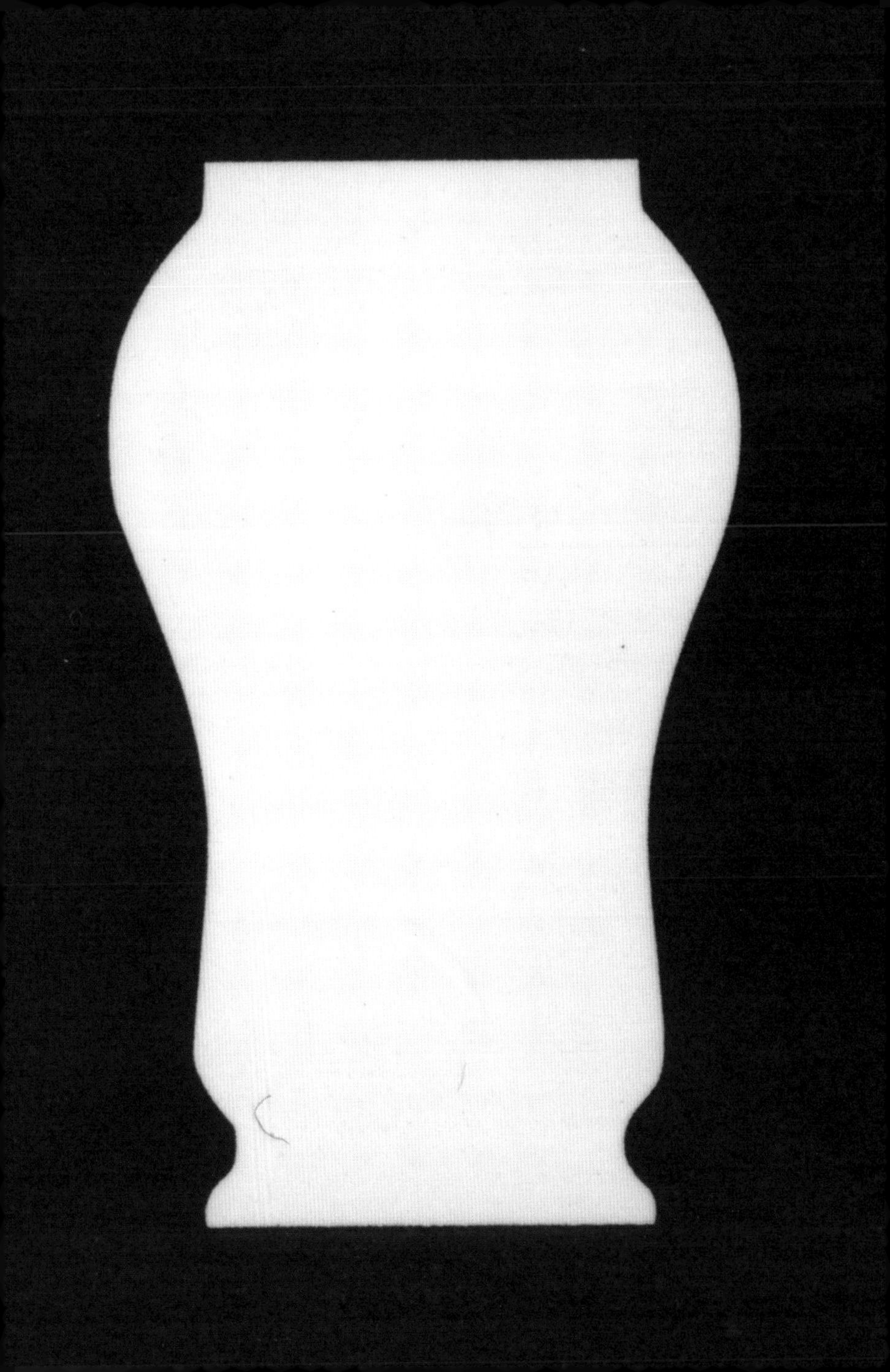

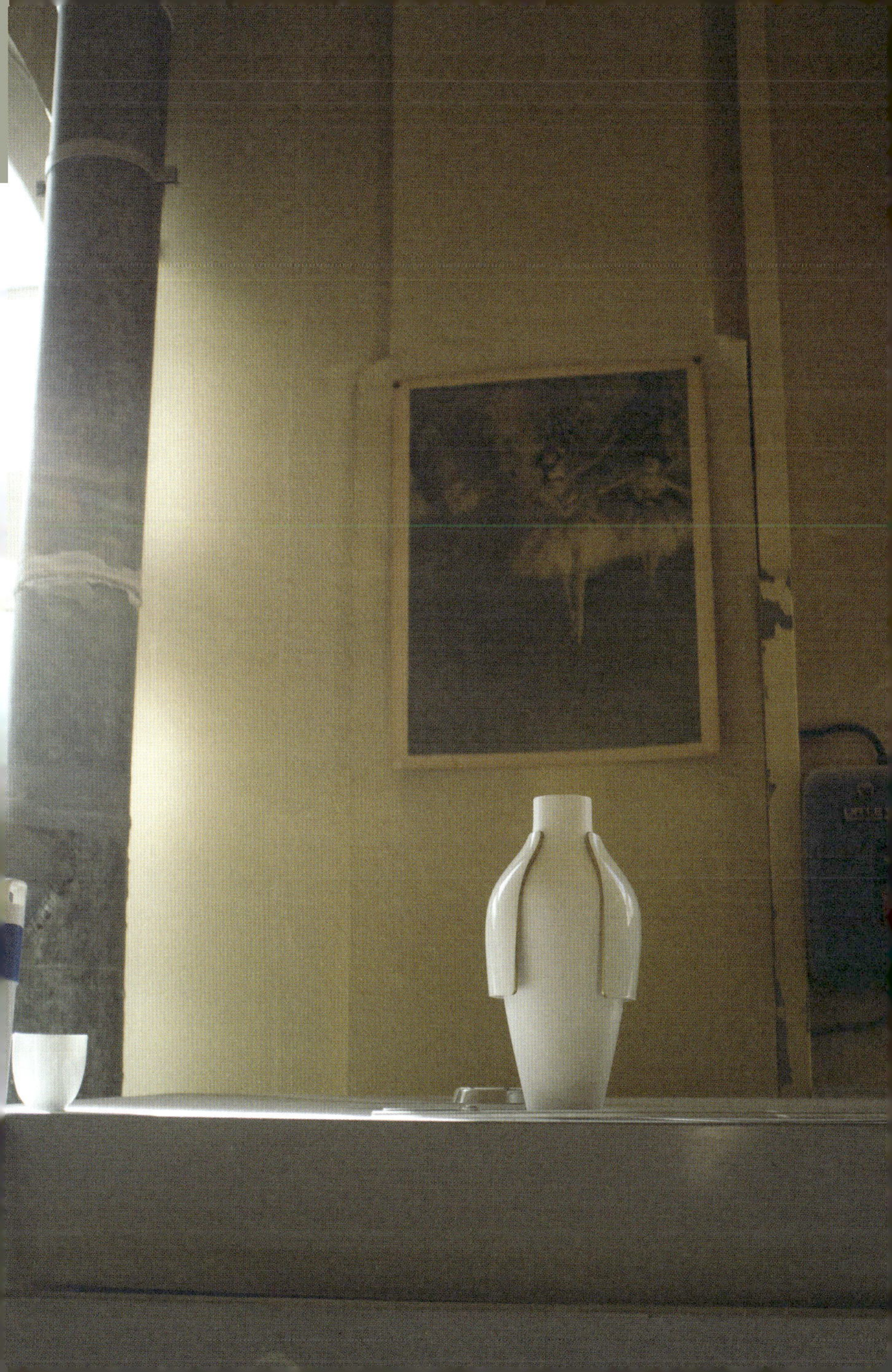

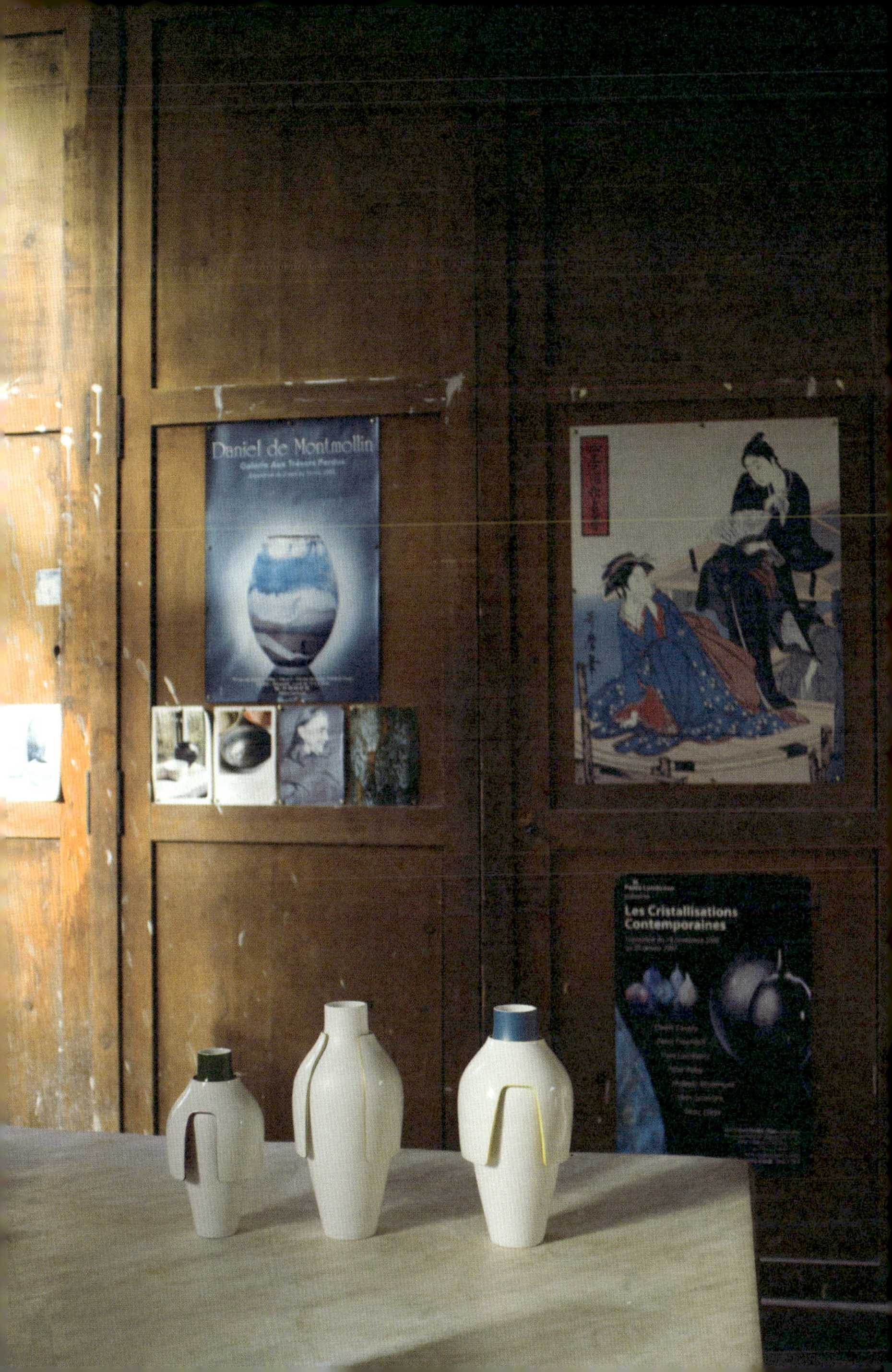
Daniel de Montmollin
Les Cristallisations
Contemporaines

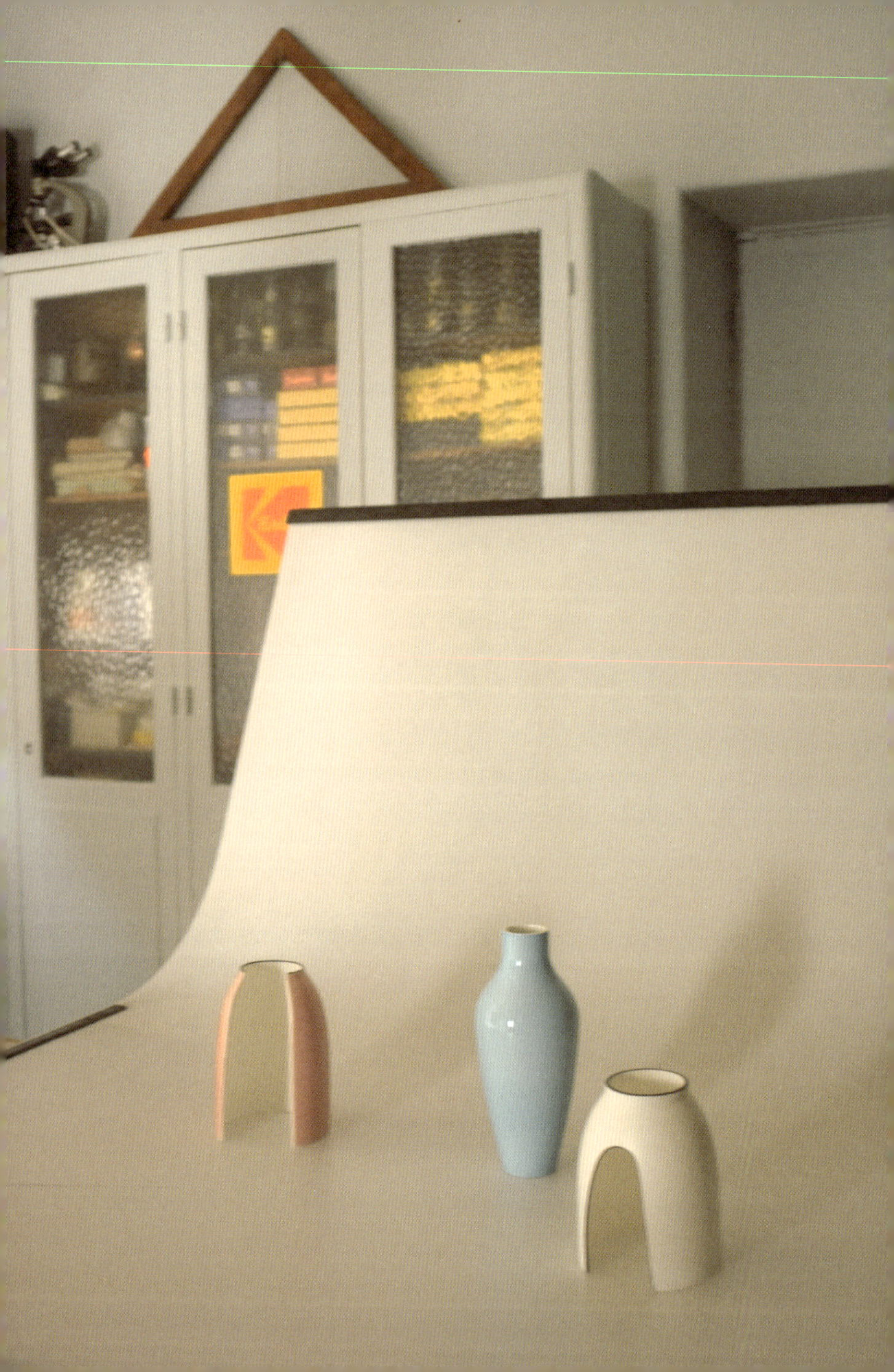

Ce livre a été édité à l'occasion de l'exposition 'les capes' de matali crasset

THE CULTURAL GALLERY

Monaco du 26 avril au 30 Juin 2018.

Contributions

Rita Rovelli Caltagirone
Ivo Bonacorsi, Ilaria Camerini, Olivier Fredenucci, Nathalie Varley Pinto
Francis Fichot, Antoine Pateau, matali crasset productions
Valentine Carreyn, Léa Guintrand, My-Lan Hoang-Thuy
Stéphane Corréard

Tous les vases ont été réalisés dans les ateliers de la Manufacture de Sèvres.

matali crasset tient à remercier à la Manufacture de Sèvres - Cité de la Céramique
Romane Sarfati
Céline Aujard, Chantal Bannelier, Brigitte Battini, Mathilde Boyer, Manuel Cordel, Anne-Marie Cotez, Estelle Greboval, Gérard Jonca, Valérie Jonca, Véronique Jallard, Audrey Leclercq, Géraldine Longin, Séverine Malherbe, Pascal Monfort, Christel Potaufeu, Jean-Philippe Piété, Vincent Ronsard, Michel Roué, Philippe Samba.

Photogravure : D-Factory, Paris
Impression : Média Graphic, Rennes

ISBN 978-2-36582-024-0

Shelter Press
SP097

shelter-press.org
muse.mc